CB004717

UMA BREVE HISTÓRIA DO

FEMINISMO

NO CONTEXTO EURO-AMERICANO

Uma breve história do feminismo no contexto euro-americano
Título original: *Kleine Geschichte des Feminismus im euro-amerikanischen Kontext*
© Editora Blucher, 2019
© Unrast Verlag, 2015

Projeto gráfico: Patu

Patu agradece a todos que cooperaram com esta história em quadrinhos com seu apoio, críticas e sugestões. Sobretudo, um grande obrigado a mAhA81, Farzaneh e Fritz!

Blucher

Rua Pedroso Alvarenga, 1245, 4º andar
04531-934 – São Paulo – SP – Brasil
Tel.: 55 11 3078-5366
contato@blucher.com.br
www.blucher.com.br

Segundo o Novo Acordo Ortográfico,
conforme 5. ed. do *Vocabulário
Ortográfico da Língua Portuguesa*,
Academia Brasileira de Letras, março
de 2009.

Dados Internacionais de Catalogação na Publicação (CIP)
Angélica Ilacqua CRB-8/7057

Schrupp, Antje

Uma breve história do feminismo no contexto
euro-americano / Antje Schrupp ; tradução de
Eline Alves Kraus ; ilustrações de Patu. –
São Paulo : Blucher, 2019.
88 p. : il.

ISBN 978-85-212-1403-8 (impresso)
ISBN 978-85-212-1404-5 (e-book)

Título original: *Kleine Geschichte des
Feminismus im euro-amerikanischen Kontext*

1. Feminismo 2. Feminismo – História
I. Título. II. Kraus, Eline Alves. III. Patu.

19-0189   CDD 305.4209

Índice para catálogo sistemático:
1. Feminismo – História

PATU · ANTJE SCHRUPP

· · · UMA BREVE HISTÓRIA DO · · · FEMINISMO NO CONTEXTO EURO-AMERICANO

TRADUÇÃO: ELINE ALVES KRAUS

EVA E ADÃO OU: O QUE É FEMINISMO, AFINAL DE CONTAS?

Quase todas as culturas fazem uma distinção entre diferentes sexos – na maioria das vezes, mas nem sempre, entre exatamente dois sexos: o masculino e o feminino. É isso que nos conta, por exemplo, o mito bíblico da criação, a história de Adão e Eva.

"Então Iahweh Deus fez cair um torpor sobre o homem, e ele dormiu. Tomou uma de suas costelas e fez crescer carne em seu lugar. Depois, da costela que tirara do homem, Iahweh Deus modelou uma mulher e a trouxe ao homem. Então o homem exclamou: 'Esta, sim, é osso de meus ossos e carne de minha carne! Ela será chamada mulher, porque foi tirada do homem!'"

Hoje em dia, isso é frequentemente compreendido como se o homem tivesse sido criado primeiro e a mulher em seguida, "da sua costela". No entanto, a palavra hebraica "Adam" não é um nome masculino, mas significa simplesmente "ser humano". Adão ainda não tinha um sexo. Com a criação de Eva, portanto, não foi só a mulher que veio ao mundo, mas, muito mais que isso, a distinção entre os sexos: o ser humano de sexo neutro "Adam" tornou-se mulher e homem.

A equiparação de Adão com o homem já mostra, no entanto, onde está o problema: em muitas culturas os homens são confundidos com o ser humano em si. Algumas línguas têm até mesmo apenas uma palavra para ambos (*homme* em francês, por exemplo). Os homens representam, portanto, os "seres humanos em si", enquanto as mulheres são consideradas seres de alguma forma derivados, deficitários, subordinados.

Isso tem sempre consequências práticas que, no entanto, variam de acordo com a região do mundo, a ideologia dominante e a época: mulheres têm, por exemplo, menos direitos, menos dinheiro, podem aparecer em público apenas de forma restrita, têm menos acesso a posições de poder. Ou – em sociedades emancipadas – elas até são "equiparadas" aos homens, mas para isso precisam ter como parâmetro uma norma masculina.

Essa posição privilegiada do masculino chama-se "patriarcado" (literalmente: soberania do pai) e existe em muitas formas e variantes diversas. Quase sempre essa forma de hierarquia abrange, além da relação entre os sexos, também outras formas de soberania: do senhor da casa sobre seus filhos, criados e servos; dos homens livres sobre as escravas e os escravos; dos "nativos" sobre os imigrantes; dos "abastados" sobre a "classe baixa" e assim por diante.

Como exatamente o patriarcado surgiu na história e quais foram as suas causas é um tema controverso. Alguns o veem como consequência de desdobramentos históricos que começaram há cerca de 5.000 anos com a suplantação gradual de culturas anteriores. Outros acreditam que ele seria uma consequência inevitável do fato de que nem todos os seres humanos ficam grávidos e dão à luz filhos. A partir disso teria se formado uma divisão do trabalho baseada no sexo, em prejuízo da mulher. Já outros rejeitam o termo "patriarcado" por completo por ele colocar muitos fenômenos demasiadamente diferentes em uma panela só.

De fato, sociedades "patriarcais" são tão diversas entre si que o termo não é suficiente para uma análise das relações concretas. Mas, mesmo assim, elas têm algo em comum: em todas as sociedades patriarcais há também feminismo – ou seja, pessoas, na maioria das vezes mais mulheres que homens, que rejeitam a supremacia do masculino sobre o feminino em sua cultura e que defendem a liberdade das mulheres.

Feminismo não é, portanto, um programa de conteúdo fixo, mas uma atitude: feministas, tanto mulheres quanto homens, consideram a distinção entre os sexos um instrumento de análise importante sem o qual não é possível compreender processos e relações sociais. E, em seu ativismo, eles se orientam pelo critério da liberdade feminina, pois a liberdade das mulheres tem em si um valor que não precisa ser justificado.

De resto, diversas feministas defendem pontos de vistas completamente diferentes e, às vezes, até contraditórios, que são sempre influenciados por questões e problemas concretos de sua época – e, é claro, pelas ideias e pelos pontos de vistas subjetivos da pensadora ou ativista em questão.

Portanto, quem quer entender as ideias feministas precisa sempre enxergá-las em seu contexto e não deve jamais exigir uma definição inequívoca. Ninguém escapará de formar para si uma opinião e de adotar um ponto de vista próprio. Pois não existe "um único feminismo", apenas novas propostas, resultados de pesquisas e descobertas que surgem o tempo todo.

Algumas dessas ideias e tendências são apresentadas neste livro. Nele, a ênfase está no feminismo europeu e ocidental, pois essa é a tradição na qual o discurso alemão está integrado e com a qual as autoras estão familiarizadas. O feminismo, no entanto, existiu e existe em todo lugar do mundo, ele apenas parece diferente dependendo das circunstâncias.

A ANTIGUIDADE

Os primeiros textos conhecidos da Antiguidade europeia – da Grécia e da Roma antigas, por assim dizer – são originários de sociedades patriarcais. Por conta disso, apenas ideias filosóficas e políticas quase que exclusivamente masculinas chegaram até nós; somente alguns poucos textos dessa época podem ser inequivocamente atribuídos a mulheres. Portanto, o que as mulheres daquela época pensavam, com o que elas se ocupavam ou quais eram as suas concepções a respeito do convívio entre os seres humanos são temas que, infelizmente, permanecem na escuridão.

E é bom mesmo que seja assim. "Um homem que ensina sua mulher a escrever foi mal aconselhado, pois ele abastece uma víbora com veneno extra."

Menandro, 342/341 a.C., comediante grego

Algumas pistas fragmentárias escritas por mulheres chegaram até nós. Assim, sabemos que a poetisa Safo, que escreveu poemas de amor e erotismo, viveu em Lesbos, supostamente entre os séculos VII e VI antes de Cristo.

A filósofa Ptolemaida escreveu, provavelmente no século III, um livro sobre os princípios pitagóricos da música. Além disso, Platão menciona a filósofa Diotima, que teria sido professora de Sócrates. Sua existência histórica, no entanto, não está comprovada.

Na bíblia hebraica, aparecem várias mulheres de grande importância, como a profeta Miriã ou a líder política Ester. No movimento de Jesus também houve mulheres importantes, como as apóstolas Júnia, Tecla e Maria Madalena.

E no século IV, a matemática Hipátia ensinava em Alexandria. No ano 415, ela foi assassinada por monges cristãos fanáticos.

Como textos próprios de mulheres dessa época não chegaram até nós, podemos deduzir suas ideias apenas de forma indireta.

Para tanto, vamos dar uma olhada em um período da vida do missionário protocristão Paulo:

Na realidade, no entanto:

A repreensão de Paulo não teria sido necessária se as mulheres realmente sempre tivessem ficado caladas nas congregações.

Durante toda a Antiguidade, foram escritos textos advertindo as mulheres a levarem uma vida recatada, a se submeterem aos homens e especialmente aos seus maridos, a cumprirem seus deveres domésticos, a não fazerem exigências e assim por diante.

O fato de essas advertências serem necessárias mostra que elas eram totalmente controversas e que nem todas as mulheres se adequavam.

Eu já dizia antigamente: uma mulher é para ser vista e não para ser ouvida. Mas de alguma forma não funcionou.

Sófocles, séc. V a. C, poeta grego

Especialmente nos séculos II e III parece ter havido uma discussão mais ampla a respeito do papel da mulher. Em alguns textos pertencentes à escola filosófica do "gnosticismo", é desenvolvida a ideia de uma espiritualidade e uma inteligência quase "assexuadas" que poderiam ser alcançadas também por mulheres caso elas "se tornassem como homens".

E como é que uma coisa dessas poderia funcionar? Talvez assim?

Haha! Você não pode ser tão iluminada como nós. Você nem sequer tem um pênis.

Amado Deus, sei que sou apenas uma mulher frágil, mas, por favor, ajude-me a tornar-me masculina!

Ok, vou abrir uma exceção!

9

O FEMINISMO NA IDADE MÉDIA

Na Idade Média, o cristianismo foi pouco a pouco se tornando a visão de mundo predominante na Europa.

Atenção, agora vêm os cristãos!

Eu fui escolhido por Deus como representante Dele na Terra!

Mentira! Fui eu!

Aqueles caras lá em cima estão me dando nos nervos! Prefiro ficar aqui embaixo com você!

Embora a igreja fosse uma organização rigorosamente hierárquica e exclusivamente masculina, havia muitas mulheres que não se subordinavam a essa hierarquia. Elas não rejeitavam o cristianismo em si, mas reivindicavam um acesso direto a Deus, independente do clero, por meio de visões e conhecimentos místicos, por exemplo. Com frequência, elas justificavam essa reivindicação dizendo que ensinamentos eclesiásticos criados por homens não poderiam ter validade para elas, as mulheres.

A abadessa alemã Hildegarda de Bingen (1098-1179), por exemplo, teve inúmeras desavenças com autoridades (seculares e eclesiásticas) de sua época. Ela alegava ter visões que lhe permitiam adentrar uma ordem superior, cosmológica.

Se Deus é masculino, então o masculino é Deus.

É isso aí, cara.

Mary Daly (1928-2010), inicialmente uma teóloga católica, foi uma das precursoras mais importantes da teologia feminista no século XX. Seu livro *Além do Deus Pai* (*Beyond God the Father*), publicado em 1973, influenciou muitas mulheres. Mais tarde, a própria Daly virou por completo as costas para Igreja.

Muitas místicas defendiam a ideia de que seria mais fácil para as mulheres ter um acesso direto a Deus (hoje em dia nós diríamos: saber quais atitudes são corretas) pelo fato de elas não estarem integradas nas estruturas seculares de poder.

Algumas mulheres desafiavam abertamente a Igreja, como Guilhermina da Boêmia, por exemplo, que no ano de 1280 teve uma visão.

Cristo me representou na forma masculina. Você, Guilhermina, é a minha encarnação feminina sobre a Terra.

Dois anos depois...

Maifreda, eu vou morrer logo. Termine o que eu comecei. Você precisa fundar uma igreja sob uma hierarquia feminina.

No entanto, as seguidoras e os seguidores de Guilhermina foram denunciados à Inquisição e Maifreda foi queimada como herege no ano de 1300.

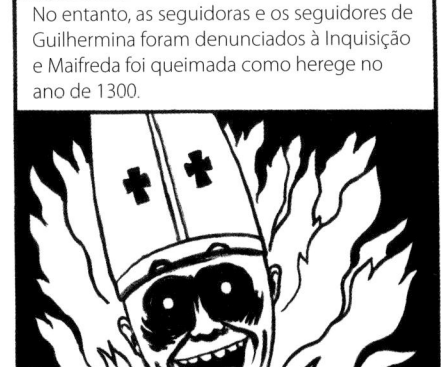

De modo geral, havia desde o século XIII, em toda a Europa, um anseio cada vez mais forte entre as mulheres por uma vida comunitária além do casamento e do monastério. Mulheres viviam em pares ou em pequenos grupos e trabalhavam juntas. Mas havia também conventos organizados de maior porte, com até cem membros. Outras saíam sozinhas ou em grupos mundo afora.

Logo surgiu um termo genérico para isso: "beguinas". Algumas comunidades não tinham regra alguma, outras elaboravam contratos minuciosos para a vida em comum. A maioria dos conventos de beguinas financiava-se por meio do trabalho de seus membros, fosse no artesanato, no cuidado dos doentes ou no comércio.

Uma das beguinas mais conhecidas foi a francesa Margarida Porete (1260-1310, aproximadamente) cujo livro *O espelho das almas simples e aniquiladas* foi o primeiro livro didático religioso em língua vernácula (em vez de latim). Nele, ela escreve que "Deus" só poderia ser encontrado por meio do amor, ou seja, não por meio da Igreja, tampouco por meio da razão ou da virtude. Tudo dependeria da capacidade de cada pessoa "de amar", isto é, de agir corretamente em uma determinada situação concreta. Leis e regras abstratas não contribuiriam para o bem no mundo – olhando por esse lado, pode-se até mesmo ver em Margarida Porete uma anarquista vanguardista. *O espelho* não é, portanto, um tratado filosófico, mas a descrição de um caminho prático, experimental (muito semelhante à literatura do movimento feminista na década de 1970).

Paris, Pentecostes de 1310

Mesmo assim, seu livro continuou sendo divulgado. Ainda no século XIV surgiram traduções para latim, inglês e italiano.

Embora no início a Igreja ainda tolerasse as beguinas, elas passaram a ser cada vez mais perseguidas nos séculos XIV e XV. As comunidades foram destruídas ou obrigadas a se transformar em conventos controlados pela Igreja. Apesar disso, algumas dessas comunidades sobreviveram até o século XIX.

Mas dentro dos conventos oficiais de mulheres também havia tradições femininas independentes. A abadessa espanhola Teresa de Ávila (1515-1582), por exemplo, criou regras próprias para os conventos fundados por ela, pois ela era da opinião de que as ordenanças criadas por homens não poderiam ser úteis para as mulheres. Contra ela também foi aberto um processo inquisitório, mas, no final, seus ensinamentos foram reconhecidos como ortodoxos e, em 1622, Teresa foi canonizada. Em 1970 ela foi a primeira mulher a ser elevada a doutora da Igreja.

É importante não contemplar a qualidade das ideias feministas pelas lentes das ideologias dominantes. Assim como a Igreja queimou na fogueira algumas mulheres que pensavam de forma original e declarou outras santas, algumas ideias feministas são hoje incorporadas pelo neoliberalismo e outras são ridicularizadas como utópicas.

Com a Reforma no século XVI, muitos conventos femininos foram dissolvidos à força e as mulheres que lá viviam tiveram de se casar para poder sobreviver. Isso também significou, em muitos lugares, uma destruição de estilos de vida e tradições femininas próprias.

Somente com a teologia feminista no século XX muitas dessas tradições – que não apareciam na historiografia eclesiástica escrita por homens – foram redescobertas.

O FEMINISMO NA IDADE MODERNA

Na Idade Moderna, as concepções cristãs foram aos poucos sendo suplantadas por ideias do Estado nacional, do sistema jurídico e da ciência. Infelizmente, isso não significou também uma melhora na situação das mulheres, pois agora argumentava-se, supostamente, "de forma objetiva"...

Deixemos, por ora, a vontade de Deus e o pecado original de Eva de lado...

... mesmo assim, as novas descobertas científicas mostram que mulheres são seres inferiores.

Sim, e nós juristas só podemos ratificar esse fato.

Uma das feministas mais importantes do início da Idade Moderna, cujo impacto nós conhecemos até hoje, é a filósofa e escritora francesa Cristina de Pisano (1365-1430). Ela publicou em 1405 *O livro da Cidade das Mulheres* (*Le Livre de la Cité des Dames*), no qual ataca com perspicácia e ironia sutil as opiniões misóginas de muitos dos seus contemporâneos, especialmente a ideia amplamente difundida de que as mulheres teriam menos talentos e competências que os homens.

Como é que tantos homens podem difundir coisas tão horríveis sobre as mulheres?

Cristina de Pisano: *"Aqueles que difamam as mulheres são pobres de espírito. Eles já conheceram tantas que eram superiores a eles em inteligência e refinamento que reagem ofendidos e relutantes. E, por causa desse ressentimento, falam mal de todas as mulheres".*

Em *O livro da Cidade das Mulheres*, Cristina de Pisano homenageia várias mulheres bíblicas e históricas e desenvolve a ideia de uma sociedade utópica na qual as mulheres são livres e têm os mesmos direitos que os homens.

O livro é uma das poucas contribuições conhecidas de uma mulher para a denominada "querela das mulheres", um debate sobre a essência e o estatuto das mulheres que ocorreu em toda a Europa entre os séculos XIV e XVIII. O leque vai desde aqueles que negavam abertamente "que as mulheres fossem seres humanos", colocando-as em um nível mais próximo dos animais, até aqueles que defendiam sua dignidade e sua liberdade.

De modo geral, pode-se dizer que as opiniões sobre a "questão das mulheres" se radicalizaram nesse período. Por um lado, o desprezo pelas mulheres cresceu – o que culminou, por exemplo, na perseguição às bruxas. Por outro lado, desenvolveram-se subculturas nas quais as mulheres tinham uma influência relativamente grande, como entre as chamadas "preciosas", um movimento no meio aristocrático.

Uma pensadora importante, precursora desse movimento, foi a filósofa francesa Marie de Gournay (1565-1645).

A consequência lógica é o direito da mulher a ser um ser humano, pois, no fundo, a essência humana não é nem masculina nem feminina.

As diferenças sexuais biológicas não definem a essência do ser humano, mas servem apenas para a procriação, do mesmo modo que essa gata na janela também não se distingue de um gato.

O seu livro *A igualdade entre homens e mulheres* (*Égalité des Hommes et des Femmes*), publicado em 1622, pode ser visto como um exemplo vanguardista de um feminismo igualitário moderno e foi, para a sua época, realmente visionário.

Pois a ideia de igualdade (e não apenas entre os sexos, mas entre as pessoas de um modo geral) era naquela época, em uma sociedade ainda extremamente hierárquica e organizada por classes, completamente absurda. Em virtude disso, Marie de Gournay colheu muito escárnio e deboche.

Maria de Gournay: "*A maioria daqueles que defendem a causa das mulheres contra o orgulhoso favorecimento que os homens manifestam em favor de si mesmos acabam caindo no oposto: no favorecimento das mulheres. Pessoalmente, eu evito todos os extremos e me contento em equiparar as mulheres aos homens*".

O FEMINISMO DO ILUMINISMO

A ideia de igualdade entre as pessoas difundiu-se pela Europa somente com o Iluminismo no século XVIII, integrado à Revolução Francesa de 1789.

Muitas mulheres participaram das insurreições. Legendária é a famosa "Marcha das Mulheres a Versalhes", em 5 de outubro, da qual participaram mais de 8.000 trabalhadoras e cidadãs.

E ficou ainda pior: quanto mais os homens se entendiam como "iguais" entre si, mais pesava a desigualdade em relação às mulheres.

De acordo com essa lógica, o sexo não era mais uma de muitas características com base nas quais grupos humanos se diferenciavam, mas recebeu uma condição especial. O principal argumento:

No decorrer das revoluções, pode-se observar com frequência um determinado padrão: quando novos movimentos sociais surgem, na maioria das vezes, muitas mulheres participam deles: as mulheres engajam-se, manifestam-se, lutam.

No entanto, quando a revolução é "bem-sucedida", quando os antigos soberanos são destituídos e novas formas de governo se formam, então são os homens que dominam novamente. Esse mecanismo é um campo de discussão feminista importante: de onde vem essa grande predileção dos homens pelo poder institucional?

Por que as mulheres deixam-se excluir-se dessa forma?

Será que o ceticismo e a aversão de muitas mulheres ao poder formal e às instituições não poderiam ser usados de forma positiva para a construção de sociedades pós-revolucionárias?

Deixe-me pensar um pouco a respeito disso...

As feministas protestaram desde o início contra a ideia de que se poderia postular a igualdade de todas as pessoas e ao mesmo tempo excluir a metade da humanidade dessa ideia. As duas mais conhecidas foram Mary Wollstonecraft e Olympe de Gouges.

A professora de inglês e escritora Mary Wollstonecraft (1759-1797) já havia escrito em 1790 um livro sobre os direitos humanos. Em 1792, ela viajou a Paris para observar de perto as consequências da Revolução.

A mulher foi especialmente criada para agradar ao homem.

Jean-Jacques Rousseau (1712-1778), filósofo francês

Espere só até meu novo livro ser lançado, Jean-Jacques!

Em Paris, ela escreveu o livro *Reivindicação dos direitos da mulher.* Ela foi uma das primeiras a criticar o fato de as mulheres serem educadas para a dependência e, com isso, fortaleceu um argumento que até hoje é importante para muitas feministas: as diferenças que existem de fato entre homens e mulheres não têm causas "naturais", mas são geradas pela sociedade.

Mary Wollstonecraft: *"Pode ser que provoque risos quando eu expressar aqui um pensamento o qual quero continuar a desenvolver depois.*
Eu estou, de fato, totalmente convencida de que as mulheres devem ser representadas no governo em vez de serem dominadas arbitrariamente sem ter participação direta nas discussões do governo".

Aliás, a filha de Wollstonecraft, Mary Shelley, escreveu em 1818 o *best-seller* mundial *Frankenstein*, até hoje uma obra prima atual sobre a arrogância das ciências modernas.

21

A ativista pelos direitos humanos e artista francesa Marie Gouze (1748-1793), mais conhecida pelo nome artístico Olympe de Gouges, escreveu em 1791 a *Declaração dos Direitos da Mulher e da Cidadã*.

Ela foi forçada a se casar aos 17 anos e se politizou cedo. Antes da Revolução, ela já lutava pela abolição da escravatura, pelo direito ao divórcio e por outros temas sociais.

Sua conhecida frase – a mulher que tem o direito de subir em um cadafalso precisa também ter o direito de subir em uma tribuna – tornou-se realidade para Olympe de Gouges de uma forma trágica: em 1793, ela foi, como muitas outras, executada na guilhotina pelo regime do Terror de Robespierre por conta de suas ideias políticas.

O FEMINISMO DO SOCIALISMO UTÓPICO

No início do século XIX, tornou-se cada vez mais claro que a ideia de igualdade entre todos os homens não aumentou apenas o abismo entre mulheres e homens...

... mas também entre pobres e ricos.

Pois a igualdade política não levava em consideração as condições reais de vida. Na verdade, ela ainda dava aos ricos pretextos para ter em mente apenas os seus próprios interesses...

Ou, como Anatole France formulou muito bem: "*Sob a igualdade majestosa da lei é proibido tanto aos ricos quanto aos pobres dormirem sob pontes, mendigarem nas ruas e roubarem pão*".

Só estamos fazendo o nosso trabalho, senhora.

Por acaso a senhora me vê por aí importunando as pessoas? NÃO!

Por conta disso, surgiram diversos movimentos socialistas que queriam unir a ideia de igualdade com mais justiça social e material. Alguns fundaram comunas e projetos nos quais eles experimentavam novas formas de trabalhar e viver em comunidade.

E recebemos alimentos das cooperativas.

Eu vou fundar uma comuna.

E eu preciso trabalhar apenas 8 horas por dia e, depois, ainda ir para a escola?

Não apenas a quantidade de mulheres que participaram de forma ativa desses movimentos é digna de nota, como também o fato de que quase todas as teorias e todos os projetos do socialismo utópico questionavam explicitamente a relação entre mulheres e homens. A questão de gênero ocupou um papel especialmente central no sansimonismo, ou seja, entre as seguidoras e os seguidores do sociólogo Henri de Saint-Simon, falecido em 1825.

Duas sansimonistas importantes foram, por exemplo, Claire Démar (1799-1833) e Jeanne Deroin (1805-1894).

> Exatamente pelo fato de a mulher ser semelhante ao homem, mas não idêntica a ele, é que ela deve participar do trabalho em prol das reformas sociais e incorporar nelas os elementos necessários que faltam aos homens para que a obra possa ser completa.

Elas desenvolveram modelos de estruturas organizacionais sensíveis às questões de gênero, fundaram grupos de mulheres. De modo geral, o sansimonismo defendia que toda repartição pública e toda função tinha que ser ocupada por uma mulher e por um homem. Em 1850, Jeanne Deroin foi presa por seis meses por conspiração política.

> Diga o seu nome e sobrenome!

> Antes de responder preciso contestar a lei segundo a qual o senhor quer me julgar. Ela foi feita por homens e, por isso, não vou reconhecê-la.

Seu argumento principal em favor da igualdade de direitos era o de que mulheres não poderiam ser representadas por homens, mas precisavam ter voz própria porque mulheres e homens são diferentes e não têm os mesmos interesses e preferências. Com isso, ela reagia ao *déficit* do pensamento igualitário formal.

A teórica mais significativa do socialismo utópico é Flora Tristan (1803-1844). Em 1825, ela fugiu do seu marido violento.

Pode até ser que não exista um caminho legal para eu me separar, mas não vou ficar aqui de jeito nenhum.

Depois de persegui-la com todos os meios jurídicos, ele tentou assassiná-la.

Suas ideias subversivas precisam ser detidas. Eu vou matá-la antes que ela destrua os fundamentos da nossa sociedade!

Flora Tristan defendeu-se e, com isso, provocou um grande furor na França.

Em uma viagem ao Peru, onde sua família tinha posses, ela se indignou contra a escravatura e a classe dominante.

PARE!

Ele mereceu. Ele me roubou e mentiu.

Como se o maior roubo de todos não consistisse na escravização de pessoas! Pode-se esperar alguma virtude de alguém que nem sequer pode ter vontade própria?

O escravo não deve nada ao seu senhor. Ao contrário: ele tem o direito de atacá-lo de todas as formas.

Flora Tristan: *"Trabalhadores, tentem entender bem o seguinte: a lei que subjuga as mulheres e as mantém distantes da educação reprime também vocês, homens proletários".*

Em 1843 – cinco anos antes de Marx e Engels escreverem o *Manifesto comunista* – foi publicada a obra principal de Flora Tristan, União operária, na qual ela não apenas defende a criação de uma aliança de trabalhadoras e trabalhadores para além de corporações e ramos profissionais, mas também estabelece uma relação analítica entre a repressão das mulheres e a repressão daqueles que são desprovidos de bens materiais. Ela divulgou suas ideias com turnês de palestras por toda a França até morrer precocemente em 1844, vítima da febre tifoide.

O INÍCIO DOS MOVIMENTOS FEMINISTAS ORGANIZADOS

Até meados do século XIX, até houve na Europa e nos Estados Unidos protagonistas feministas e também grupos de mulheres que se uniram em torno de determinados temas ou em ramos profissionais isolados, mas quase não houve um movimento feminista organizado.

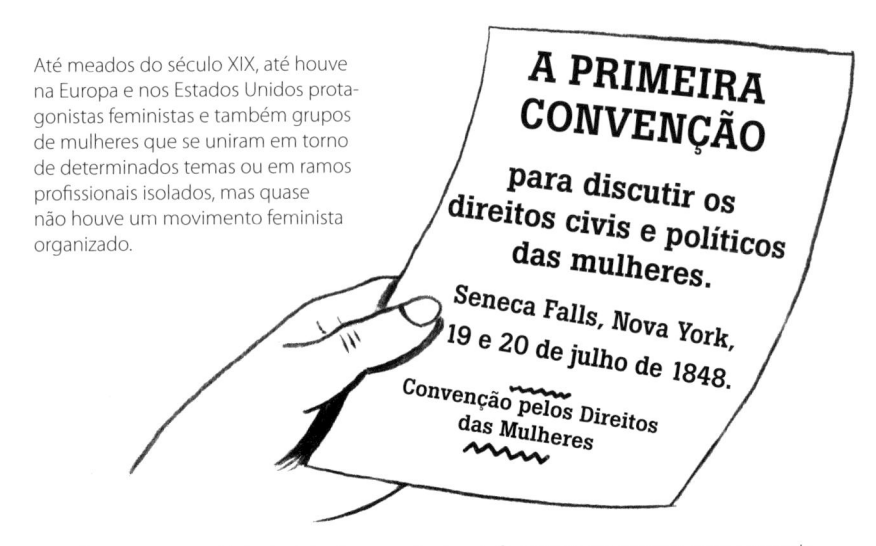

Por conta disso, essa assembleia de dois dias organizada por feministas americanas causou grande alvoroço no estado de Nova York.

Cerca de 300 interessados participaram da "Convenção de Seneca Falls" e apoiaram as reivindicações, entre os quais também homens, como o ativista pelos direitos civis dos negros Frederick Douglass (1818-1895).

No final, foi aprovada uma "Declaração de Direitos e Sentimentos" na qual todas as reivindicações de dominação masculina sobre as mulheres foram repudiadas com referência clara à "Declaração de Independência" americana.

Elizabeth Cady Stanton: "Nós insistimos que às mulheres seja dado acesso direto a todos os direitos e privilégios que lhes são devidos como cidadãs dos Estados Unidos. Nós empreenderemos esse grande projeto que está diante de nós, mesmo que contemos com o fato de sermos mal compreendidas, erroneamente citadas e ridicularizadas; mas nós vamos usar todos os meios que estão em nossas mãos para alcançar esse objetivo".

Também na Europa, na segunda metade do século XIX, foram fundadas inúmeras associações de mulheres, e assembleias nacionais e internacionais foram realizadas. Ao mesmo tempo, entre intelectuais do sexo masculino, uma atmosfera antifeminista foi crescendo gradativamente – e "antifeminista" no sentido mais literal da palavra, ou seja, "contra as mulheres".

Ativistas políticos, escritores e intelectuais como Jules Michelet, Pierre-Joseph Proudhon, Auguste Comte e muitos, muitos outros se opuseram ao anseio das mulheres por participação política e social.

[1] "Über den physiologischen Schwachsinn des Weibes", ensaio publicado em 1900 por Paul Julius Möbius, psiquiatra alemão (1853-1907). [N.T.]

Por outro lado, essa enorme onda de misoginia provocou, logo em seguida, uma maré de literatura feminista. As feministas desmantelavam as teses tacanhas dos antifeministas de modo às vezes sério e, às vezes, sarcástico. A obra *Ideias antiproudhonistas sobre o amor, a mulher e o casamento* (*Idées Antiproudhoniennes sur l'Amour, la Femme et le Mariage*) de Juliette Adam (1836-1936), publicada em 1858, na França, foi especialmente difundida, bem como, mais tarde, na Alemanha, o livro *Os antifeministas* (*Die Antifeministen*) de Hedwig Dohm (1831-1919), publicado em 1902.

Hedwig Dohm: "*Nossos inimigos vêm de cima e de baixo. Ou seja: ou eles justificam sua hostilidade afirmando a inferioridade mental e física da mulher, ou eles a disfarçam com a sublime missão da mulher como sacerdotisa do fogão de casa, com sua delicadeza mimosa e pérolas semelhantes. A maioria, no entanto, utiliza os dois modos de combate ao mesmo tempo, pois como diz o ditado: é melhor reforçar em dobro para não rasgar. Sua argumentação consiste basicamente – se nós, ocasionalmente, abstrairmo-nos de calafrios emocionais éticos e estéticos – em afirmações*".

Um dos discursos mais impressionantes – que não apenas desmascarou a assim chamada "discriminação positiva" das mulheres como sexo frágil, digno de proteção, como uma mentira, como também denunciou, ao mesmo tempo, o racismo dos clichês burgueses de gênero – foi feito pela pregadora itinerante Sojourner Truth (1798-1883), uma ex-escrava, durante a Conferência Americana de Mulheres de 1851.

O que é que ela quer aqui? Bom, impedi-la de entrar nós não podemos.

Eu fui contra mulheres negras poderem falar na nossa conferência.

As mulheres querem votar? Mas isso é ridículo. Uma mulher não consegue nem pular uma poça sem ajuda de um homem.

No que se refere ao conteúdo, havia, sobretudo, três temas que as associações e os grupos emergentes de mulheres pautavam: a reivindicação por melhor acesso ao trabalho remunerado; a crítica ao casamento tradicional e às leis matrimoniais injustas (frequentemente associada com ideias de amor livre); e a reivindicação do direito geral ao voto.

TRABALHO REMUNERADO PARA AS MULHERES

O tema mais importante do movimento feminista no século XIX foi o acesso ao trabalho remunerado. De fato, no início da industrialização, que começou na indústria têxtil, a maioria dos trabalhadores eram mulheres.

No entanto, quanto mais importante o trabalho fabril se tornava de um modo geral, mais os sindicatos masculinos e as associações de trabalhadores exigiam uma proibição ou, pelo menos, uma restrição do trabalho fabril feminino. Até mesmo a Primeira Internacional (1864-1872), a primeira organização de cúpula do operariado europeu, aprovou pareceres desse tipo em seus primeiros congressos e adotou somente mais tarde opiniões mais moderadas.

Entre as mulheres burguesas, por sua vez, o problema era outro...

O acesso a possiblidades de trabalhos remunerados que fossem adequadamente pagos e respeitados esteve, portanto, no centro de quase todas as atividades feministas desses anos: as feministas organizaram iniciativas práticas de autoajuda, discutiram o tema economicamente e organizaram trabalhos de *lobby* em favor de medidas políticas de seu interesse.

Nisso, elas se voltaram, em sua maioria, também contra todas as chamadas "leis de proteção" às mulheres, que as proibiam juridicamente de exercer determinadas funções por conta de sua constituição física ou fertilidade. Aqui estão apenas alguns exemplos de muitos:

A iniciativa enfrentou uma resistência massiva por parte de tipógrafos e sindicatos masculinos, sobretudo porque a empresa também atraía clientes com uma política de preços agressiva.

Na Alemanha, foi sobretudo a jornalista e feminista Louise Otto-Peters (1819-1895) quem lutou pelo trabalho remunerado para as mulheres. Em 1849, ela lançou o *Jornal das Mulheres* (sob o lema "recruto cidadãs para o reino da liberdade"). Fundou, além disso, associações de trabalhadoras e empregadas domésticas e publicou em 1866 o livro *O direito das mulheres à remuneração* (*Das Recht der Frauen auf Erwerb*).

Junto com outras mulheres, ela organizou, em 1865, em Leipzig, a primeira conferência alemã de mulheres e coordenou então por três décadas a Associação Geral de Mulheres, que também oferecia cursos de formação continuada para mulheres.

Meu objetivo é, por um lado, apoiar trabalhadoras em seu direito ao trabalho remunerado e, ao mesmo tempo, recrutá-las para a luta conjunta pelos direitos políticos das mulheres.

Louise Otto-Peters: "Meus senhores! Em nome da moralidade, em nome da pátria, em nome da humanidade, eu peço aos senhores: na organização do trabalho, não se esqueçam das mulheres!".

Duas teóricas importantes para a causa do trabalho remunerado para as mulheres foram, por fim, Harriet Taylor Mill (1807-1858) e sua filha Helen Taylor (1831-1907).

Junto com o economista liberal John Stuart Mill, respectivamente marido e padrasto, elas escreveram diversos textos sobre economia e também sobre o direito ao voto e ao divórcio. Sua argumentação político-econômica era utilitarista, orientada pelo maior proveito para todos.

A livre participação das mulheres nas atividades remuneradas aumentará a riqueza de um país.

A ligação entre um entendimento liberal de economia e a reivindicação pela igualdade ilimitada entre homens e mulheres perpassa toda a obra de Mill, mas é formulada de forma explícita em 1869 no livro *A sujeição das mulheres*, escrito em conjunto, mas publicado apenas sob o nome de John Stuart.

Você tem certeza de que devemos fazer isso assim?

Sim. Se publicarmos sob o seu nome, as nossas ideias receberão mais reconhecimento e atenção.

John Stuart Mill, Harriet Taylor Mill e Helen Taylor: *"A submissão legal de um sexo a outro é errada em si e, atualmente, um dos principais obstáculos ao progresso da humanidade".*

AMOR LIVRE / CRÍTICA AO CASAMENTO

Outro tema importante no século XIX era a crítica ao *status* praticamente desprovido de direitos da esposa. Na maioria dos países europeus, as mulheres perdiam com o casamento quase todos os direitos para os seus maridos.

"Esposo e esposa serão um e esse um é ele" (trecho da lei matrimonial inglesa).

A situação era especialmente extrema na França, onde o Código Civil proibia expressamente que os maridos cedessem plenos poderes às suas esposas – um caminho que casais esclarecidos gostavam de escolher, até mesmo por razões práticas. Na França, o divórcio também era impossível de forma geral, e em outros países era permitido somente sob condições rígidas, que iam todas em prejuízo das mulheres. A situação era um pouco diferente na Alemanha, onde, até 1874, os casamentos eram realizados quase exclusivamente pelas igrejas (que muitas vezes chegavam a se negar a realizar a cerimônia).

Mulheres de diferentes classes sociais eram atingidas de diferentes formas pelas leis matrimoniais.

Nós, proletárias, muitas vezes vivemos com nossos parceiros mesmo sem casar, e também não é raro trocar de parceiro ou parceira.

Aqui não há nada para herdar ou para compartilhar, então para que todo o circo em torno do casamento?

Sexo antes do casamento também não é problema para nós. Você só precisa se prevenir contra a gravidez. Afinal, isso tem consequências financeiras.

Além disso, pessoas de meios proletários raramente resolviam suas diferenças em tribunais e formas alternativas ao casamento clássico não eram consideradas tão escandalosas assim.

Na burguesia, no entanto, dava-se muito valor à "respeitabilidade" das mulheres. Quando mulheres burguesas deixavam seus maridos, elas eram ameaçadas não apenas pela pobreza, mas também perdiam seus filhos e eram excluídas de todas as relações sociais. Por conta disso, uma reforma das leis do divórcio era, sobretudo, de interesse das feministas burguesas, até porque, no caso delas, se tratava também do direito à herança.

Se me divorciar, eu perco o direito sobre os bens que herdei do meu pai. Perante a lei, sou considerada "juridicamente incapaz".

Enquanto as investidas reformistas permaneceram sem sucesso na França durante todo o século XIX, o tema era discutido na Inglaterra, mesmo que de forma controversa, e em 1857 e 1870 foram alcançadas algumas melhorias.

No entanto, para muitas feministas, não se tratava apenas dos aspectos jurídicos do matrimônio, mas também da moral sexual por trás dele. Algumas, como a escritora francesa George Sand (1804-1876), viviam promiscuamente e não escondiam isso da vida pública. Outras, como a feminista e socialista Victoria Woodhull (1838-1927) reivindicavam de forma ofensiva o direito das mulheres à autonomia sexual.

Victoria Woodhull: *"Sim, eu sou adepta do amor livre. Eu tenho o direito inalienável, constitucional e natural de amar quem eu quiser, por quanto tempo eu puder, de trocar esse amor todos os dias, se assim eu desejar, e nenhum de vocês, nem nenhuma lei, tem o direito de me proibir isso".*

Grande alvoroço foi causado pelas "niilistas" russas. Na época, muitas delas foram para a Europa Ocidental estudar. Frequentemente, elas mantinham casamentos de fachada com homens que pensavam como elas, pois mulheres solteiras não podiam deixar a Rússia. Elas propagavam uma dissolução das normas de gênero, recusavam-se a usar roupas tipicamente femininas e cultivavam hábitos e um estilo de vida masculinos.

Tais práticas, porém, não eram senso comum mesmo dentro do feminismo. Somente uma minoria entre as defensoras dos direitos das mulheres queria abolir completamente a família tradicional. No que diz respeito a esse tema, especificamente, os diferentes grêmios e associações de mulheres não uniam esforços de maneira alguma. Em parte, elas até mesmo lutavam umas contra as outras.

Na Alemanha, por exemplo, formaram-se, por volta do fim do século XIX, três correntes diferentes:

As "radicais" em torno de Minna Kauer (1841-1922), Lida Gustava Heymann (1868-1943), Anita Augsburg (1857-1943) e Helene Stöcker (1869-1943)...

Nós reivindicamos para as mulheres um status *independente do casamento e uma nova moral sexual.*

... as "moderadas" em torno de Helene Lange (1848-1930) e Gertrud Bäumer (1873-1954)...

Embora sejamos a favor da abolição das imposições do casamento e das leis injustas, acreditamos que o papel da mulher como mãe é importante. Ambições emancipatórias feministas têm lá seus limites.

... e, finalmente, as "conservadoras", que queriam valorizar a "profissão de dona de casa" e não exerciam nenhuma crítica fundamental ao sistema do casamento.

O DIREITO DA MULHER AO VOTO E A POLÍTICA PARTIDÁRIA

As posições feministas em relação à luta pelo direito ao voto também variavam. Esse tema também dizia respeito sobretudo às mulheres burguesas, pois, em muitos países, o direito ao voto no século XIX ainda era ligado a posses ou à propriedade imobiliária, de modo que, na maioria das vezes, homens do proletariado também eram excluídos das eleições.

Além disso, muitas correntes socialistas, como o anarquismo, apostavam em transformações sociais mais radicais e eram, de modo geral, contra a integração do movimento dos trabalhadores na forma de partidos no parlamentarismo.

Os privilégios de vocês? Não está longe o tempo em que vocês vão oferecê-los a nós para tentar, por meio dessa partilha, fazê-los brilhar novamente. Fiquem com esses farrapos, nós não os queremos.

Louise Michel, anarquista francesa (1830-1905)

Nos EUA, houve até mesmo uma cisão dentro do movimento feminista por conta dessa questão. Lá, depois do fim da guerra civil entre os estados do norte e do sul no ano de 1869, foi introduzido o direito ao voto para homens negros – mas não para as mulheres.

O que não significa que nós, aqui nos estados do sul, vamos permitir uma coisa dessas! Nós preferimos apoiar o direito das mulheres ao voto a isso!

Mesmo assim, muitas feministas saudaram essa mudança por verem nela um passo importante para a população negra. Ativistas feministas radicais como Susan Anthony (1820-1906) e Elizabeth Cady Stanton (1815-1902) ficaram, porém, indignadas, pois elas previam que agora o direito das mulheres ao voto era, mais uma vez, empurrado para um futuro distante. Em suas críticas, elas também não hesitavam em expressar um racismo grosseiro, como quando, por exemplo, debochavam do fato de que agora qualquer "Zé Mané" poderia votar, mas mulheres instruídas não. Do mesmo modo, Elizabeth Cady Stanton...

> Agora o que vale é: homens contra mulheres. Todos os homens poderão votar, não com base em inteligência, patriotismo, prosperidade ou pele branca, mas somente porque são homens – e não mulheres.

> Seja homem ou mulher, nós, brancos, deveríamos nos unir em tempos como este.

> Meu nome é George Train. Eu sou democrata e, como sempre, a favor da escravatura. Será que eu poderia apoiá-la em suas atividades?

> Com prazer. Nós estamos planejando agora mesmo o nosso novo jornal pelos direitos das mulheres: "The Revolution"

Lá pelo fim do século XIX, cada vez mais feministas apoiavam a luta pelo direito das mulheres ao voto, e elas encontravam cada vez mais aliados entre os homens. Sobretudo as sufragistas inglesas (de "sufrágio", direito ao voto) faziam manchete. Com ações criativas, truques jurídicos e militância formal, elas levavam o tema para os jornais. O momento havia chegado: no decorrer do século XX, em quase todos os países, as mulheres receberam permissão para as eleições políticas, por exemplo, em 1902, na Austrália, em 1906, na Finlândia, em 1913, na Noruega, em 1915, na Dinamarca, em 1918, na Polônia, na Alemanha e na Áustria, em 1920, nos EUA, em 1928, na Grã-Bretanha, em 1930, na Turquia, em 1944, na França, em 1946, na Itália e em 1971, na Suíça.[2]

> Saia do caminho!

NÓS QUEREMOS VOTAR!

---

[2] No Brasil, as mulheres obtiveram o direito de votar por meio de um decreto de Getúlio Vargas de 1932. O Código Eleitoral da época permitia que pudessem votar apenas mulheres casadas (com autorização do marido) e as viúvas e solteiras com renda própria. Em 1934, as restrições foram eliminadas e, em 1946, a obrigatoriedade do voto foi estendida às mulheres.

Uma das consequências do debate em torno do direito ao voto foi que a relação entre mulheres e partidos políticos passou a ganhar mais ênfase.

Agora que você é uma eleitora e pode se candidatar a cargos políticos, a quem você será mais leal? Ao partido do qual você sente que faz parte politicamente...?

Ou talvez nós possamos apostar em alianças de mulheres para além das fronteiras partidárias.

No início do século XX, foram fundadas diversas associações de mulheres que pertenciam a determinado partido ou confissão religiosa. Clara Zetkin (1857-1933), por exemplo, foi – com o jornal fundado por ela, *A igualdade* (*Die Gleichheit*) – uma das organizadoras mais importantes do movimento socialista de mulheres na Alemanha.

O movimento feminista burguês não é defensor, representante dos interesses de todas as mulheres que anseiam por liberdade. Ele é e sempre será um movimento da classe burguesa.

Dentro de suas organizações, essas mulheres faziam campanha pelos direitos e interesses das mulheres ao mesmo tempo que tentavam atrair outras mulheres para suas respectivas concepções de mundo. Mesmo fazendo alianças entre si, elas sempre questionavam umas às outras quanto a realmente estarem representando os interesses das mulheres.

Outras não tinham a menor consideração por organizações institucionais, como a ativista russo-americana Emma Goldman (1869-1940), mas ela também era anarquista em primeiro plano e feminista apenas em segundo plano. Ou seria o contrário?

Vocês viram como foi o movimento feminista na luta pelo direito ao voto. Um movimento burguês, em grande parte profundamente conservador, puritanista e até mesmo racista. Eu não deveria suspeitar de um movimento desses?

E se as eleições pudessem mudar alguma coisa, elas seriam proibidas!

Eu quero ver as mulheres livres também do Estado, da Igreja, da sociedade, do marido, da família etc.

É claro que algumas mulheres querem se libertar disso por meio do direito ao voto. Mas quem é que ganha com isso, acima de tudo? Muitas mulheres, no entanto, esperam com isso tornar-se cristãs, donas de casa e cidadãs ainda melhores.

Em todo caso, a tensão entre orientação política, por um lado, e o anseio por uma solidariedade entre as mulheres que transcenda as fronteiras ideológicas, por outro, tem sido um tema constante (e difícil) no feminismo desde então.

O "SEGUNDO" SEXO?

Outro problema que surgiu com a instituição do direito das mulheres ao voto foi a constatação de que os direitos formais não necessariamente melhoravam a situação social delas. Um livro fundamental sobre o assunto foi escrito em 1949 pela filósofa francesa Simone de Beauvoir (1908-1986).

Ainda hoje afirma-se que haveria uma essência feminina natural.

Eu nunca me senti inferior. Eu vivi minha vida até hoje sempre de forma não convencional e independente. Mesmo assim, o "ser mulher" coloca toda mulher na segunda categoria.

Em *O segundo sexo*, ela analisa a história da cultura e da filosofia na Europa Ocidental no sentido de mostrar como papéis de gênero são estabelecidos não apenas por meio de leis, mas também no nível da literatura, dos conceitos morais e dos costumes culturais.

Simone de Beauvoir: *"Hesitei muito tempo em escrever um livro sobre a mulher. O tema é irritante, principalmente para as mulheres. E não é novo. [...] Ademais, haverá realmente um problema? Em que consiste? Em verdade, haverá mulher?".*

A frase mais famosa de Simone de Beauvoir talvez seja: *"Ninguém nasce mulher: torna-se mulher"*. A ideia de gênero, segundo o seu entendimento, é cunhada culturalmente e não está simplesmente na *"natureza das coisas"*.

Ela também não silenciou o fato de que as mulheres não recebem simplesmente seu papel passivo e subordinado dos homens, mas têm uma participação decisiva nisso.

Metade vítima, metade cúmplice, como todos nós.

Politicamente, ela reivindicou sobretudo a libertação da mulher do papel de mãe e pediu às mulheres que investissem mais energia em suas carreiras profissionais e políticas e, dessa forma, contribuíssem para que as diferenças entre os sexos desaparecessem aos poucos.

Simone de Beauvoir tornou-se um ícone do movimento feminista apenas vinte anos mais tarde, quando foi redescoberta por um movimento de mulheres ressurgente.

Embora a análise cultural de Beauvoir seja compartilhada, tanto na época como hoje, pela maioria das feministas, nem todos estão de acordo com suas conclusões. Um exemplo é a psicanalista francesa Luce Irigaray (nascida em 1930).

Beauvoir declara o modelo de vida masculino como norma e pede às mulheres para simplesmente se adaptarem a ele.

Em seu livro *Espelho: da outra mulher* (*Speculum: de l'Autre Femme*), de 1974, Irigaray mostra que a "masculinidade" está implícita não somente na cultura, mas também na ordem simbólica e na linguagem.

As mulheres precisam primeiro encontrar uma linguagem própria e formar uma subjetividade feminina livre – só então mulheres e homens poderão relacionar-se entre si.

Para que a obra da diferença sexual se torne realidade, é necessário que haja uma reviravolta do pensamento e da ética. Tudo precisa ser reinterpretado e, em primeiro lugar, o fato de que o sujeito sempre se determinou masculino, mesmo quando pretendia ser universal ou neutro.

A partir dessas duas posições, desenvolveu-se um debate feminista amplo, e que dura até hoje, sobre a relação entre igualdade e diferença.

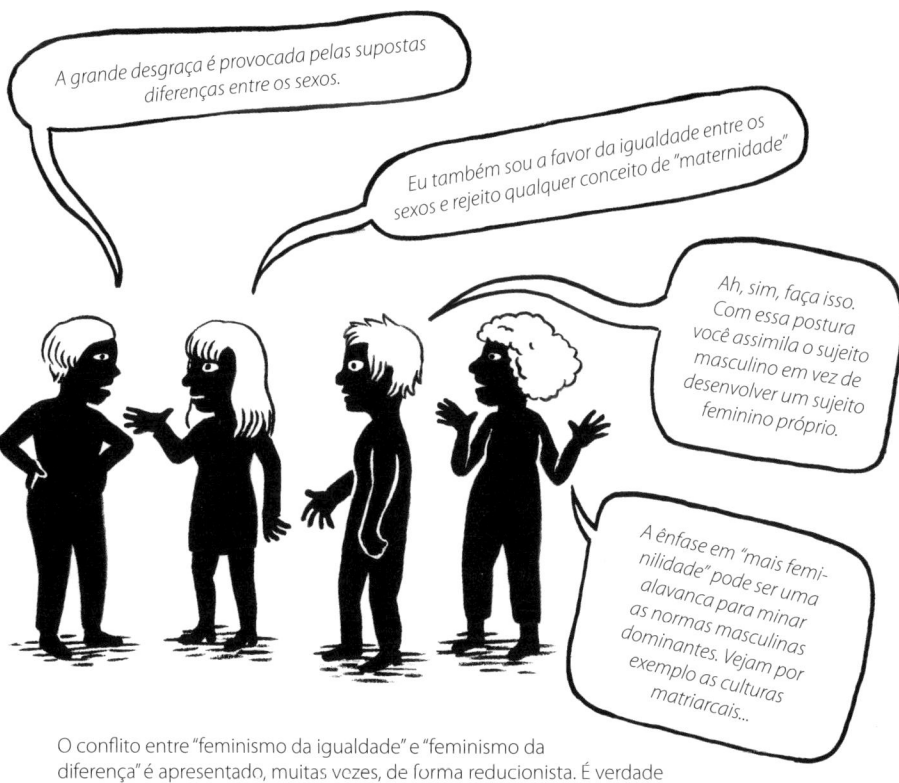

O conflito entre "feminismo da igualdade" e "feminismo da diferença" é apresentado, muitas vezes, de forma reducionista. É verdade que as feministas da igualdade se submetem às vezes de forma muito acrítica à norma do masculino e que as feministas da diferença, por outro lado, partem do princípio de que haveria algo como uma essência "natural" das mulheres. Apesar disso, as duas partes fizeram contribuições inteligentes para o problema de como lidar com a zona de tensão indissolúvel entre igualdade e diferença.

 # O MOVIMENTO FEMINISTA AUTÔNOMO

No contexto dos movimentos estudantis do final dos anos 1960 nos Estados Unidos e na Europa, formou-se novamente um movimento feminista autônomo. "Autônomo" aqui significa que as feministas já não se sentiam prioritariamente comprometidas com suas organizações, partidos e confissões, mas que se uniam conscientemente como mulheres. O que as motivou a isso foi a frustração com o fato de que mesmo os movimentos revolucionários mistos eram dominados por homens.

Na Alemanha, a cineasta Helke Sander (nascida em 1937) fundou, com outras mulheres, o Conselho de Ação para a Libertação da Mulher.

Durante uma conferência da União Estudantil Socialista Alemã em setembro de 1968 ocorreu, em Frankfurt, o famoso "arremesso do tomate": quando os homens – depois de um discurso de Sander no qual ela apresentava reivindicações do Conselho de Ação – quiseram partir para outro tema sem qualquer discussão, Sigrid Rüger jogou da plateia um tomate, que por acaso estava na sua sacola de compras, nos companheiros no púlpito e forçou assim uma discussão.

Helke Sander: "Quando começamos, há seis meses, a maioria dos companheiros reagiu com deboche. Hoje, eles nos levam a mal por termos nos distanciado. Eles tentam nos provar que as nossas teorias são, na verdade, completamente falsas. Insistem em afirmar que também são oprimidos, o que nós já sabemos. Nós apenas não achamos mais que devemos aceitar a opressão deles sem nos defender".

A prática do "feminismo separatista" levou, nos anos 1970, a uma onda de fundação de grupos, livrarias e cafés de mulheres, não apenas nas metrópoles, mas também em muitas cidades pequenas. Feministas americanas criaram os grupos de *consciousness raising* (conscientização) nos quais mulheres trocavam experiências entre si e as refletiam politicamente por meio de diálogos – uma prática que foi adotada por grupos de mulheres também em outros países.

Um papel importante nessa segunda onda do movimento feminista foi o das mulheres lésbicas. Muitas das que se engajaram nos novos projetos eram homossexuais, talvez porque elas já vivessem como "mulheres identificadas com mulheres" em seus relacionamentos privados, ou seja, seu dia a dia combinava com a prática feminista do separatismo. É claro que casais de mulheres já viviam juntos antes disso (Lida Gustava Heymann e Anita Augspurg, por exemplo), mas no primeiro movimento feminista isso não havia sido tematizado.

Uma teórica importante do "lesbianismo"[3] foi a escritora francesa Monique Wittig (1935-2003). Na sua opinião, lésbicas, na realidade, não são mulheres: *"Seria incorreto dizer que lésbicas estão junto, fazem amor e vivem com mulheres, pois 'mulher' só tem significado dentro do sistema heterossexual do pensamento e nos sistemas econômicos heterossexuais. Lésbicas não são mulheres".*

No decorrer do seu engajamento feminista, as lésbicas criticaram duramente a dominância masculina no movimento homossexual.

Para nós não se trata da aceitação do amor homossexual.

Nós queremos que os conceitos de gênero sejam questionados de forma geral.

Muitas de nós entendem o ser lésbica não exclusivamente como identidade sexual, mas como afirmação política.

Ok. Você está pronta agora?

Eu acho que sim.

---

[3] Assim como "homossexualismo", o termo "lesbianismo" é atualmente considerado pejorativo, sendo preferível o uso do termo "lesbianidade".

> SIM, seus retrógrados! Nós somos lésbicas!

Mulheres que antes viviam relações amorosas com outras mulheres secretamente agora tornavam seus relacionamentos públicos.

Outras que antes viviam com homens ou, muitas vezes, também eram mães decidiram por meio de seu engajamento no movimento feminista compartilhar seu dia a dia com outras mulheres – eram as assim chamadas "lésbicas políticas". Um dos *slogans* era:

> Feminismo é a teoria, ser lésbica é a prática, querida!

No início dos anos 1980, a poetisa e professora de estudos culturais Adrienne Rich (1929-2012) desenvolveu o conceito de "*continuum* lésbico". Ela analisou a "heterossexualidade compulsória" nas sociedades e concluiu que a homossexualidade feminina na cultura patriarcal representava um tabu porque desmistificava a ideia de que mulheres só poderiam encontrar satisfação plena em relacionamentos com homens. Nesse ponto, segundo Adrienne Rich, o "ser lésbica" diz respeito a todas as mulheres.

Adrienne Rich: *"O termo 'continuum lésbico' inclui para mim uma escala inteira de experiências ligadas a mulheres, ao longo da vida de cada uma e ao longo da história – e não apenas o fato de que uma mulher tenha tido ou desejado ter uma experiência sexual genital com outra mulher".*

Além disso, logo foram fundados vários jornais feministas. Os mais conhecidos na Alemanha são o *Courage* (1976-1984) e o *Emma* (fundado em 1977), que existe até hoje.

No que diz respeito ao conteúdo, havia sobretudo três temas que se tornaram importantes nessa época e que estavam relacionados entre si: a reivindicação de autonomia sobre o próprio corpo; a exposição do escândalo da violência sexual; e a reorganização do trabalho doméstico e familiar, bem como da criação dos filhos.

A LUTA PELO DIREITO AO ABORTO

Que droga! O que você vai fazer agora? Nenhum desses médicos vai ajudar você. Ainda mais não sendo casada.

Eu é que não vou a um médico charlatão de jeito nenhum. Eu ouvi falar de mulheres que morreram sangrando na mesa da cozinha.

Você já ouviu falar do método da agulha de tricô?

Não, mas pare já com isso. Eu já posso imaginar. Eu só conheço aquele com a salsa.

A Sara me passou um número. Se eu ligar lá preciso dizer que tenho a mesma doença que ela. Custa mais ou menos 500 marcos alemães. Ainda não sei como vou pagar por isso.

Isso realmente precisa ficar entre nós! Se alguém souber do aborto, eu vou ser desprezada por muitos e, além disso, também posso ir para a cadeia por até 5 anos.

Um dos temas mais importantes para o movimento feminista naquela época era a autonomia sobre o próprio corpo, sob o lema: "meu corpo, minhas regras".

Não importa quais leis e dogmas religiosos existam – as mulheres abortam mesmo assim. A questão, portanto, não é se *elas abortam*, mas *como elas abortam*.

ABAIXO O §218

Meu corpo, minhas regras!

Em abril de 1971, cerca de 350 francesas – dentre elas celebridades como Catherine Deneuve e Jeanne Moreau – declararam publicamente no jornal *Le Nouvel Observeur* que já teriam abortado. Em junho de 1971, sob a iniciativa de Alice Schwarz (nascida em 1942), seguiu-se na Alemanha uma campanha equivalente na revista *Stern* em que, dentre outras, Senta Berger e Romy Schneider se posicionaram a favor do fim da proibição legal do aborto.

Nem todas as mulheres que confessaram um aborto nessa campanha haviam abortado elas mesmas. Tratava-se muito mais de mostrar claramente que o direito de poder decidir sobre uma gravidez deve ser de todas as mulheres.

Nos Estados Unidos, as feministas apoiaram uma ação popular contra a proibição do aborto no estado do Texas. De fato, a Suprema Corte dos EUA declarou no caso "Roe *versus* Wade" de 1973 que leis estatais que proibissem as mulheres de abortar seriam inválidas se o feto não tivesse condições de sobreviver.

Já em 1972, o parlamento da Alemanha Oriental isentou de pena o aborto nos três primeiros meses de gravidez. Na Alemanha Ocidental, o parlamento decidiu em 1974 por um "tempo limite" semelhante. Essa lei, no entanto, foi logo revogada pelo tribunal constitucional.

Atualmente, na Alemanha e em alguns outros países, o primeiro trimestre é o "tempo limite efetivo", ou seja, o aborto é oficialmente proibido, mas não é passível de pena desde que as grávidas cumpram determinados requisitos e participem, por exemplo, de uma sessão de aconselhamento.

Somente em casos médicos, eugênicos ou criminológicos no sentido de uma "situação intolerável para a mulher" o aborto será livre de pena e legítimo após a 12ª semana.

Isso soa como se o aborto dentro desse prazo fosse simplesmente acessível a todos. Na verdade, você precisa – exceto em "casos excepcionais" – pugá-lo por conta própria.

Há pouco tempo, eu ouvi falar sobre uma mulher nos EUA que tentou financiar um aborto por meio de crowdfunding.

Eu posso imaginar. Eu sou completamente privada de assistência médica só porque minha situação jurídica na Alemanha não está resolvida. Gravidez, parto e também aborto viriam carregados de muitos obstáculos para mim.

A limitação dos debates da época ao tema aborto não agradava a todas as feministas. Muitas achavam que outros temas eram mais importantes. Para outras, tais reivindicações não eram suficientes. A ativista americana Shulamith Firestone (1945-2012) defendeu em 1970 em seu livro *A dialética do sexo* – que logo se tornou um *best-seller* – a abolição total da família biológica.

As pessoas deveriam viver juntas em comunidades nas quais não houvesse uma ligação especial entre mães e filhos. Uma de suas utopias era o fim da gravidez biológica por meio da fertilização artificial. Desse modo, surgiria uma sociedade na qual as diferenças entre os sexos não teriam mais importância.

Shulamith Firestone: *"As feministas não precisam questionar apenas a cultura ocidental, e sim a cultura em si. Mais ainda: até mesmo a natureza".*

Além de reivindicações políticas, as mulheres organizaram nos anos 1970 formas práticas de apoio. Elas organizavam viagens para os Países Baixos, onde o aborto era permitido; esclareciam a si mesmas e umas às outras sobre métodos contraceptivos; fundavam centros de saúde feminina e investigavam o próprio corpo, por exemplo, por meio de autoexames vaginais.

VIOLÊNCIA DOMÉSTICA

Um grupo de mulheres feministas, anos 1970...

Eu nunca pensei que tantas mulheres do nosso grupo sofressem violência em seus casamentos ou relacionamentos.

O segundo grande tema da denominada "segunda onda" do movimento feminista foi o tratamento da violência doméstica contra mulheres e crianças como um escândalo.

Somente então tornou-se público que a família, para muitas mulheres, não era de maneira alguma um lugar de proteção, mas, pelo contrário, um lugar perigoso.

Estupros e surras dentro do casamento geralmente não eram considerados delitos, e sim assunto privado.

E muitas mulheres atingidas pensavam que eram uma exceção.

É melhor eu ficar calada, senão ele se vinga!

Provavelmente ela o provocou!

É, no casamento às vezes tem uma briga ou outra.

Somente compartilhando suas experiências nos centros de mulheres e em grupos de conscientização se tornou evidente que a violência familiar não acontecia somente em casos isolados, mas era um problema estrutural.

Por isso, feministas fundaram, na época, em quase todas as cidades e por conta própria, números de emergência e casas de mulheres onde vítimas de violência doméstica podiam encontrar abrigo de forma não burocrática.

No plano político, elas se posicionaram pela proibição do estupro dentro do casamento.

Em 1997, a legislação penal na Alemanha foi finalmente modificada nesse sentido. Nesse ínterim, muitas das casas de mulheres e muitos dos centros de aconselhamento para vítimas, fundados na época de forma autônoma, foram para as mãos do Estado ou passaram a ser financiados com recursos públicos.

TRABALHO DOMÉSTICO, *CARE*, MATERNIDADE

Um terceiro tema central foi a crítica à divisão social do trabalho baseada no gênero, segundo a qual os homens eram responsáveis por ganhar dinheiro, e as mulheres (sem pagamento), pelo trabalho doméstico e pela criação dos filhos.

O Conselho de Ação para a Libertação da Mulher já havia reivindicado em uma resolução "a abolição da divisão burguesa entre vida privada e social". Helke Sander também foi uma das cofundadoras do movimento pelo jardim de infância não autoritário (*Kinderladen*), no qual mães e educadoras tomaram iniciativas conjuntas e fundaram unidades de cuidado infantil alternativas. Não se tratava apenas de organizar o trabalho doméstico e assistencial, mas também de novos conceitos pedagógicos que levassem as crianças a sério em suas personalidades, por exemplo, com abordagens antiautoritárias.

A forma como o trabalho doméstico e assistencial poderia ser regulado e economicamente organizado era controversa. Alguns exigiam "salário para o trabalho doméstico" não apenas para garantir às donas de casa uma renda própria, mas também para tornar o trabalho doméstico parte visível da economia (já que considerar um "trabalho" cozinhar, limpar, lavar e cuidar das crianças em casa sem qualquer remuneração era um pensamento completamente novo para muitos). Outros exigiam uma divisão igualitária do trabalho doméstico e do trabalho remunerado entre os sexos ou uma profissionalização e uma coletivização maior do trabalho doméstico. No decorrer desses debates, a suposta vocação "natural" das mulheres para a maternidade e, com isso, para atividades assistenciais também foi questionada de forma crítica.

Em 1987, um grupo de mulheres ligado aos Verdes[4] publicou um texto chamado "Manifesto das Mães" no qual reivindicava uma renda básica para mães sem trabalho remunerado, bem como a valorização do trabalho doméstico. Críticas ao documento acusaram-no de reforçar estereótipos de gênero.

Mulheres, abandonem o gueto das não mães e também o aquário das "mulheres de carreira"!

Maternidade não significa apenas peso, significa também prazer.

Não se leva mulheres a trabalhar gratuitamente louvando a beleza e o misticismo de lavar pratos ou de lavar roupas. Então, prega-se a elas a beleza da maternidade.

Simone de Beauvoir (1908-1986)

De fato, o desenvolvimento social que se seguiu foi mais na direção de uma "igualdade" no campo do trabalho remunerado, enquanto o trabalho doméstico continua até hoje sendo visto como elemento da vida privada. Essa primazia do trabalho remunerado foi corroborada por mudanças equivalentes na lei, como a ampla restrição da pensão alimentícia e a remodelagem do subsídio parental.

A crescente inclusão das mulheres no mercado de trabalho durante os anos 1990 e 2000 trouxe, de fato, mais segurança econômica para elas. O problema das condições precárias do trabalho doméstico e assistencial – hoje frequentemente discutido sob o termo geral *care* – tornou-se, no entanto, ainda mais acentuado. Enquanto as mulheres, hoje, exercem muito mais horas de trabalho remunerado que nos anos 1960 e 1970, os homens, em contrapartida, quase não exercem mais horas de trabalho do tipo *care*.

---

4 Partido político alemão. [N.T.]

A questão é, portanto, quem faz o antigo "trabalho da dona de casa" se a "dona de casa" não existe mais – e essa questão ficou, no final, sem resposta. A consequência é estresse e jornada dupla para mães que exercem uma profissão; a transferência de serviços domésticos a mulheres migrantes que são contratadas no setor doméstico privado sob condições precárias e, muitas vezes, obscuras do ponto de vista jurídico; ou ainda a realocação desses serviços em instituições públicas – o que, por conta do alto custo, frequentemente resulta em má qualidade ou significa pagamento e condições de trabalho ruins para os que lá trabalham.

Durante todo esse tempo, iniciativas feministas continuaram a trabalhar com o tema *care*. Em março de 2014, essas atividades foram abordadas em um congresso chamado Care Revolution em Berlim, a partir do qual surgiu uma rede que intenta manter o tema nos debates políticos.

MULHERISMO E INTERSECCIONALIDADE
CONTRA A DOMINÂNCIA DE MULHERES BRANCAS E BURGUESAS

5 Desde 1932, havia nos EUA uma lei de esterilização obrigatória – uma medida que refletia a política populacional racista do governo americano. Sobretudo indígenas, *chicanas*, porto-riquenhas e afro-americanas eram afetadas por ela.

Já nos anos 1960, as mulheres começaram a se manifestar cada vez mais criticando a dominância de uma visão branca e burguesa sobre seus direitos. Por exemplo, a poetisa Audre Lorde (1934-1992)...

"Se a teoria feminista branca acredita que não precisa se ocupar das diferenças entre nós e das diferenças na nossa opressão que daí resultam, então como é que vocês lidam com o fato de que as mulheres que limpam suas casas e cuidam dos seus filhos enquanto vocês participam de conferências sobre a teoria feminista são, em sua maioria, mulheres sem recursos e 'mulheres de cor'?"

... e a filósofa Angela Davis (nascida em 1944), cujo livro *Mulheres, raça e classe* foi publicado em 1981.

"Como mulher negra, a minha política e o meu pertencimento político estão entrelaçados de forma inseparável com a participação na luta do meu povo por liberdade e com a luta de povos oprimidos no mundo todo."

Para evidenciar essas diferenças, feministas negras cunharam o termo "mulherismo". O entrelaçamento de relações discriminatórias variadas também foi colocado sob o termo "opressão tripla" (referindo-se à opressão tripla por conta do sexo, da cor da pele e da classe social).

No final dos anos 1980, a jurista Kimberlé Crenshaw (nascida em 1959) cunhou o termo "interseccionalidade", ou seja, "cruzamento". Ele evidencia que diferentes formas de discriminação não podem ser simplesmente somadas no sentido de que uma pessoa possa ser discriminada tanto como mulher quanto como negra ou como lésbica, mas que diferentes níveis de discriminação estão entrelaçados entre si de modo que o caráter especial de cada aspecto também é modificado. Por exemplo: uma mulher negra também é tratada como mulher de uma forma diferente da que uma branca é tratada.

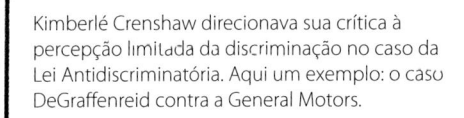

Kimberlé Crenshaw direcionava sua crítica à percepção limitada da discriminação no caso da Lei Antidiscriminatória. Aqui um exemplo: o caso DeGraffenreid contra a General Motors.

A terminologia se prolifera...

RAÇA = INTERSECCIONALIDADE — CLASSE — ETNICIDADE — SEXO — ORIENTAÇÃO SEXUAL — NORMAS CORPORAIS — IDADE — ETC.

No início havia três categorias: "raça", classe e gênero.

A categoria "raça" ("*race*") não poderia simplesmente ser transferida do contexto norte-americano para contextos de outros países.

Logo ficou claro que, além dessas três categorias, havia muitos outros aspectos de injustiça – por exemplo, por conta de orientação sexual, normas corporais, idade e assim por diante.

Nesse meio tempo, uma abordagem interseccional tornou-se, no fundo, indispensável no feminismo, ainda que isso às vezes falhe na realidade.

PROMOÇÃO DAS MULHERES E TRANSVERSALIZAÇÃO DE GÊNERO

Nos anos 1980, mulheres de vários países começaram a se engajar ativamente dentro das instituições políticas em prol da igualdade entre mulheres e homens, além de criarem projetos de lei nesse sentido, visando à promoção das mulheres.

O ponto alto foi a Quarta Conferência das Mulheres das Nações Unidas, realizada em 1995, em Pequim, da qual participaram representantes oficiais de 189 países. O resultado das discussões foi um catálogo no qual os Estados se comprometiam a promover a igualdade entre mulheres e homens na política, na economia e na sociedade, a combater a pobreza entre as mulheres e a punir a violência contra elas. Um ponto muito importante nessa política foi a distinção entre "sexo" e "gênero" – ou seja, entre o sexo biológico e o papel social – e, com isso, a ênfase na ideia de que não é possível inferir normas sociais e padrões de comportamento a partir da existência biológica como mulher ou como homem, mas que esses são formados apenas por meio da educação e da sociedade.

Desde então, também foram aprovadas na Alemanha e na Europa diversas leis nesse sentido. Seguindo o ideal da "transversalização de gênero", a União Europeia obrigou seus Estados-membros a "transversalizar" sua política sob a perspectiva de gênero, ou seja, a levar em conta de forma consciente, em cada caso, até que ponto cada medida gera efeitos possivelmente diferentes sobre homens e mulheres. Em muitas instituições foram contratados encarregados da promoção da igualdade de gênero.

No início, a maioria dessas vagas foi ocupada por mulheres que tinham raízes no movimento feminista autônomo e que tentavam de forma decidida levar a política feminista para as instituições. Com o tempo, no entanto, mulheres – e, em parte, também homens – do governo, que não se viam necessariamente como feministas, começaram a ocupar cada vez mais essas vagas.

LIBERDADE EM VEZ DE IGUALDADE

A institucionalização das reivindicações feministas, no entanto, dividiu opiniões entre as feministas. Muitas rejeitaram a ideia de que as mulheres poderiam se tornar livres por meio da equiparação com os homens e da adaptação à cultura masculina e às suas regras de jogo. Com isso, houve também a crítica à ideia de que houvesse um "nós, mulheres" que pudesse fazer reivindicações conjuntas solidariamente.

Uma das primeiras a tematizar essa questão foi Audre Lorde, em 1984, num discurso diante de mulheres acadêmicas brancas. Nele, ela pediu que as diferenças entre as mulheres fossem levadas a sério e tomadas como ponto de partida para o ativismo feminista.

Audre Lorde: "Com essa reciprocidade, nós ganhamos a segurança que nos torna capazes de encontrar visões verdadeiras para o futuro. As diferenças são a matéria-prima e o vínculo poderoso a partir dos quais a nossa força pessoal será forjada".

As precursoras desse "feminismo da diferença não essencialista" na Europa são as feministas italianas da Livraria de Mulheres, em Milão, e da comunidade de filósofas Diotima, em Verona. Em 1989, foi publicado o livro *Não acredite que você tem direitos* (*Non credere di avere dei diritti*), no qual um coletivo de autoras apresenta a tese de que a liberdade das mulheres se funde em relacionamentos significativos e fortes com outras mulheres. Uma das representantes mais importantes dessa tendência é a filósofa Luisa Muraro (nascida em 1940).

Luisa Muraro: *"Com os relacionamentos entre mulheres e com a libertação do desejo, nós aprendemos que há muita força e energia de que precisamos somente para nos libertar, que nos ajudam a tornar as condições existenciais femininas mais livres, melhores e mais agradáveis. Mas então, os partidos, os grupos de esquerda, o Estado e a União Europeia plantaram no feminismo essa ideia de igualdade. Em vez de as mulheres inventarem uma nova sociedade, colocaram na nossa cabeça que precisamos tomar o poder".*

Em vez de apostar em uma "política de reivindicações" (ao Estado, à política, aos homens), de acordo com as italianas, as mulheres deveriam confiar seus anseios e planos à autoridade de outras mulheres. Sob o termo *affidamento* (confiança), essa ideia se tornou famosa também na Alemanha.

FEMINISMO *QUEER*

Ao mesmo tempo, muitas feministas começaram também a questionar a base das categorias "masculino" e "feminino".

> *Oh, ela vai ficar molhada.*

> *Bem, aqui ela não pode vir. Ela nem é mulher de verdade.*

> *Exato! Afinal, ser mulher não é algo que se possa comprar com compostos hormonais.*

> *Então eu arranjo o meu próprio guarda-chuva!*

Às vezes também não...

Os conflitos envolvendo o bar Stonewall, na Christopher Street, em Nova York, são considerados o momento de fundação da política *queer*. O bar era frequentado sobretudo por aqueles que também eram excluídos dos bares de gays e lésbicas da classe média: trans, *drag queens*, LGBTI negros, profissionais do sexo e sem-teto.

Eles foram os mais atingidos pelas batidas policiais violentas que, naquela época, estavam na ordem do dia dos chamados "bares gays". Hoje, em muitos lugares, eventos do "Christopher Street Day" recordam essa insurreição contra a violência policial racista, "transdiscriminatória", classista e homofóbica.

Em 1990, foi publicado o livro *Problemas de gênero*, da filósofa Judith Butler (nascida em 1956), no qual ela cunhou o termo "matriz heterossexual".

Com isso ela se refere à ideia de que haveria exatamente dois sexos claramente passíveis de definição, homem e mulher – cujos desejos se relacionam entre si de forma recíproca.

Pessoas que não queriam se ajustar a essa lógica sexual binária se apropriaram em um sentido positivo do termo *queer*, que significa "estranho, maluco, não ajustável a norma alguma".

Judith Butler: *"O 'sexo biológico' é um construto ideal que é forçosamente materializado através do tempo. Ele não é um simples fato ou a condição estática de um corpo, mas um processo pelo qual as normas regulatórias materializam o 'sexo' e produzem essa materialização por meio de uma reiteração forçada dessas normas".*

Se, no começo, eram sobretudo as lésbicas e os gays que se denominavam *queer* – por viverem e amarem fora da norma heterossexual –, mais tarde a palavra se tornou um termo genérico para a variedade de identidades sexuais em geral.

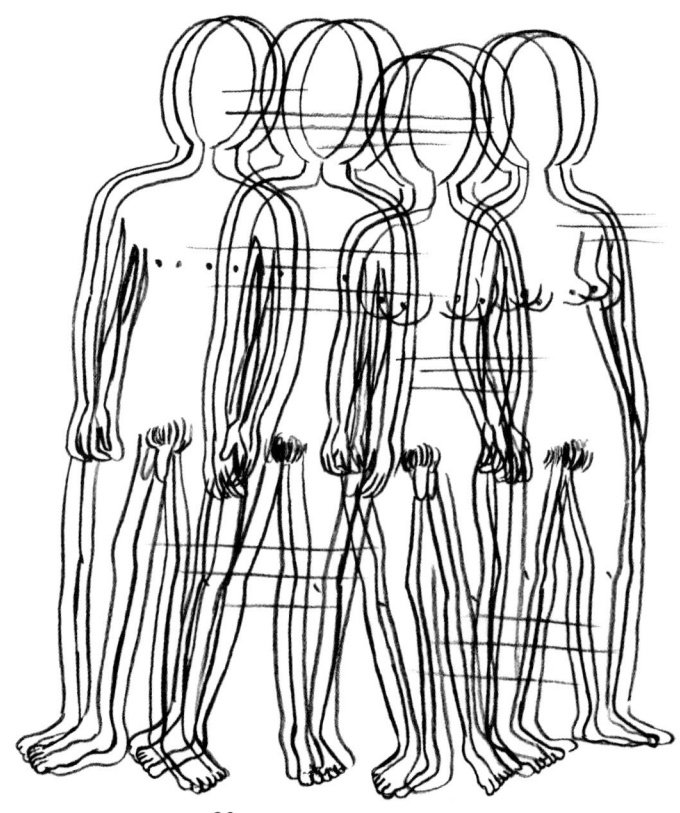

Intersexualidade (pessoas sem uma identidade sexual clara), transexualidade (pessoas cujo sexo não é aquele que lhe foi atribuído no nascimento), bissexualidade (pessoas que sentem atração sexual tanto por homens quanto por mulheres) e assim por diante também são hoje denominadas *queer*. Para se referir a todas essas identidades em conjunto, há abreviações como LGBTQI (lésbicas, gays, bissexuais, transexuais, *queer* e intersexuais). Mas a lista não está concluída: novas descrições podem ser acrescentadas a qualquer momento.

Originalmente um movimento que olhava com desconfiança quem era excluído por determinadas associações, hoje *queer* é, às vezes, também visto como marca identitária.

A TERCEIRA ONDA DO FEMINISMO

Enquanto o movimento feminista nos anos 1980 se diferenciava em direções variadas, ele se tornou menos visível como movimento "eficaz" coletivo. Ao mesmo tempo, surgiram movimentos contrários às suas conquistas. Alguns homens iniciaram campanhas contrárias a fim de preservar seus privilégios – o que a jornalista Susan Faludi (nascida em 1959) analisou em seu livro *Backlash*, de 1991. Algumas mulheres, por outro lado, passaram a considerar o feminismo ultrapassado, já que a igualdade já estaria imposta, autodenominando-se "pós-feministas".

Contra essa tendência, formou-se nos anos 1990, primeiro nos EUA, um novo movimento que às vezes também é chamado de "terceira onda".

O termo provém dos Estados Unidos. Ele remonta a um manifesto de Rebecca Walker, nascida em 1969, filha da famosa escritora Alice Walker. Ela o escreveu em 1992 como reação a uma sentença judicial que absolveu um estuprador:

"Eu escrevo isso como um apelo a todas as mulheres, sobretudo às mulheres da minha geração: deixem que essa rejeição da experiência de ser mulher as enfureça. Transformem essa ira em poder político. Não votem neles a não ser que eles trabalhem por nós. Não transem com eles, não dividam o pão com eles, não os alimentem se eles não derem prioridade à nossa liberdade de controlarmos nossos corpos e nossas vidas. Eu não sou uma feminista pós-feminista. Eu sou a Terceira Onda."

A partir desse movimento surgiram diversos projetos que, por exemplo, conectam cultura pop e feminismo, como o "Riot Grrrls", e também revistas como a alemã *Missy Magazine*, lançada em 2008.

Mesmo que a subdivisão em diferentes "ondas" do feminismo seja problemática em muitos sentidos e que, dentro de cada grupo, sejam defendidas opiniões muito diversas, há sim alguns pontos nos quais os temas da "terceira" onda diferenciam-se tendencialmente dos da "segunda": eles rejeitam a ideia de uma inimizade fundamental entre homens e mulheres, criticam as ideias "naturais" de feminilidade...

... e são céticos em relação a formas tradicionais de política, preferindo, em vez disso, formas mais descontraídas de conexão, por exemplo, pela internet.

Elas agem com mais intensidade na área da cultura e das mídias e reagem rapidamente a toda forma de dogmatismo.

Uau, mas isso aí é bem sexista!

É claro que é, mas não dá para ficar se irritando o dia inteiro.

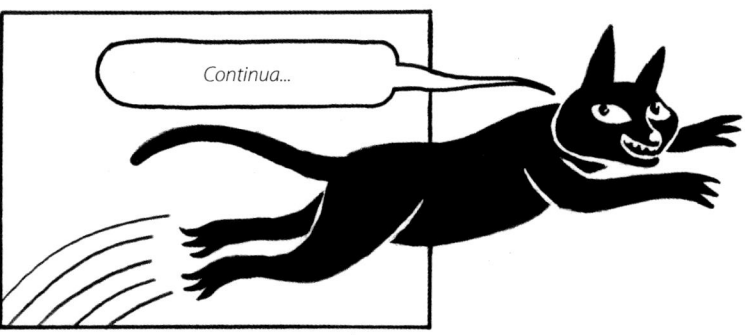

Continua...